ET SI JE BRILLAIS?

Isabelle Bernier

Et si je brillais?

Isabelle Bernier

isabellebernierconnexion@gmail.com

Illustrations : Isabelle Bernier

Dépôt légal – Bibliothèque et archives nationale du Québec, 2017

ISBN : 978-2-9816809-3-8

Tous droits réservés. Toute reproduction d'un quelconque extrait de ce livre ou de quelque illustration par quelque procédé que ce soit est strictement interdite sans l'autorisation écrite de l'auteure et éditrice.

Magog, Québec

ET SI JE BRILLAIS?

Isabelle Bernier

Isabelle

À tous ceux et celles qui osent et qui avancent, aussi lumineux que les étoiles, et qui apprennent à croire en eux, un pas à la fois.

Et si je brillais?

Briller, qu'est-ce que c'est?

Briller, c'est te permettre de rayonner, d'être toi-même et de t'offrir le plaisir de laisser les autres te découvrir. Je parle de plaisir, mais il est vrai que ça peut aussi te demander beaucoup de courage.

Moi je crois que ce qui brille en toi mérite d'être exprimé, quelque soit la façon dont tu choisiras de le présenter. Par exemple, tu pourrais pratiquer un sport que tu aimes, inventer un jeu, bricoler, être artiste, partager ce que tu penses, etc.

Pour certains, plusieurs années (ou plusieurs, plusieurs, plusieurs années) seront nécessaires afin de se permettre de **rayonner** alors que pour d'autres, cela semble tout naturel.

Je crois que la **confiance** et l'**estime de soi** jouent un grand rôle dans ce choix :

CONFIANCE

La **confiance**, parce qu'elle implique que tu te sentes à l'aise de t'ouvrir aux autres. Elle peut aussi impliquer un sentiment de **sécurité** dans ces moments où tu te sens sent bien.

ESTIME DE SOI

Et l'**estime de soi**, parce que ça parle de toi, de ta façon dont tu te vois. De l'**amour** qui t'habites et de la façon dont tu **prends soin** de toi aussi. L'**estime de soi**, c'est un peu comme réussir à observer la personne que tu es et à réaliser que tu es précieux ou précieuse. Que **tu es important** ou **importante**. Parce que c'est vrai. Dans tous les cas.

Isabelle

Estime de soi

Le hic et la solution

Il est parfois difficile de s'observer et de percevoir le meilleur en soi (ce qui nous caractérise, nos qualités, tous les beaux détails qui font de nous ce que nous sommes). On a généralement plus de facilité à identifier nos défauts ou les parties de nous qui nous dérangent, que nous n'aimons pas.

Quand on est petit- et même quand on est grand – ceux et celles qui nous entourent peuvent nous aider à voir le beau en nous.

Par contre, il arrive aussi que d'autres emploient des mots négatifs ou des gestes durs à notre égard.

Dans ces moments-là, il se peut que tu te sentes triste ou en colère, mais aussi que tu crois que tu n'as pas ta place, que tu n'es pas important.

C'est un sentiment qui peut être passager ou qui peut aussi t'habiter pendant plusieurs plusieurs années.

Cependant, je crois qu'il peut toujours finir par s'éteindre (disparaître). Et j'y crois très fort parce qu'on peut arriver à trouver les étoiles à l'intérieur de nous.

Les étoiles à l'intérieur de nous

Les étoiles

Qu'est-ce que ça veut dire?

Comme les oiseaux migrateurs, qui se déplacent de saison en saison, les étoiles font leur chemin. Elles sont là, en toi et autour de toi. Elles représentent la beauté que tu portes, toutes ces choses qui font de toi un être unique.

Elles représentent aussi chacune des idées que tu apportes et chacun des gestes que tu fais pour participer à la vie. Elles sont ce qui te permet de te sentir vivant, de te sentir utile.

Ces *étoiles*, elles sont aussi ce qui brille dans tes yeux et qui alimente l'*amour*. Parce que l'*amour*, ça fonctionne avec des *étoiles*. En d'autres mots, l'**amour carbure aux étoiles**!

Savais-tu que, lorsque tu choisis de briller, tu prends aussi soin de la **planète**? Eh, oui!

Isabelle

Prendre soin de la planète

Quand tu brilles, tu le fais pour toi, parce que ça te fait du bien, parce que ça te permet de te sentir :

calme (ou **excité(e)**),

heureux (**heureuse**),

rempli de chaleur, de **couleurs**.

Tu peux te sentir...

On pourrait même dire que ça t'apporte un sentiment de **paix** et de **joie**. Que ça te donne envie de sourire grand, grand, grand.

Quand tu brilles, tu te sens bien.

Quand tu brilles, c'est bon pour ton cœur.

Et pour ta santé aussi.

Alors, tu vois, si tu te sens bien, que c'est bon pour toi et que tu prends soin de toi en brillant, eh bien, la Terre au complet en bénéficie. Tu lui offres un cadeau.

Et, je dois l'écrire, ça a quelque chose de magique!

Un rappel

Il est vrai que ça peut paraître inconfortable parfois, de laisser les autres voir vraiment qui tu es, d'**être toi**, tout simplement. Et c'est normal.

On peut craindre la réaction des gens. On peut avoir peur d'être **trop** ou pas assez. Et parce que c'est déjà – et peut-être souvent – arrivé, on peut redouter les paroles ou les messages moins gentils. Ça fait partie de ce que vivent les humains – et les animaux aussi, je crois!

Ça rend certains moments moins faciles (ou carrément difficiles), mais, tu sais, tu peux t'en servir pour dire : « **non merci** » !

Non merci

Non merci parce que ça ne te fait pas du bien.

Non merci parce que tu n'en n'as pas vraiment besoin.

Non merci parce que tu mérites beaucoup mieux.

Et **Non merci** parce que tu as le droit d'être complètement toi, avec beaucoup beaucoup d'étoiles dans tes yeux et partout autour de toi.

Les étapes à suivre

Parfois, il peut y avoir un protocole ou une façon de faire, mais, d'autres fois, peut-être pas. Ce qui veut dire qu'*il n'y a pas qu'une seule option* pour réaliser quelque chose (même si on veut parfois nous le faire croire).

C'est comme quand on se trouve devant une **côte** que l'on s'apprête à monter: on avance, un pied devant l'autre.

Tout le monde ne va pas au même rythme. Certains ont de **grands** pieds alors que d'autres en ont de petits. Certains portent des espadrilles, d'autres des sandales et d'autres encore des souliers à talons hauts ou encore rien du tout!

On atteint le sommet de la **côte** quand on l'atteint. C'est-à-dire au moment où l'on se sent prêt, où l'on a franchi les pas qui nous mènent là-haut.

Souviens-toi : il y a plusieurs sortes de **côtes**: des minuscules , des **petites**, des **moyennes** et des **grandes**! Elles sont toutes uniques. C'est à toi de décider laquelle emprunter et de quelle façon tu veux la gravir (la monter).

Isabelle

Tu choisis ce que tu portes

Les adultes peuvent donner des petits coups de pouce, mais, au final, c'est toi qui marche avec tes pieds. Alors rappelle-toi : ***un pas à la fois, droit devant et jusqu'au bout*.**

*(Paroles de Madame Bisson, une dame très spéciale).

Isabelle

Un pas à la fois

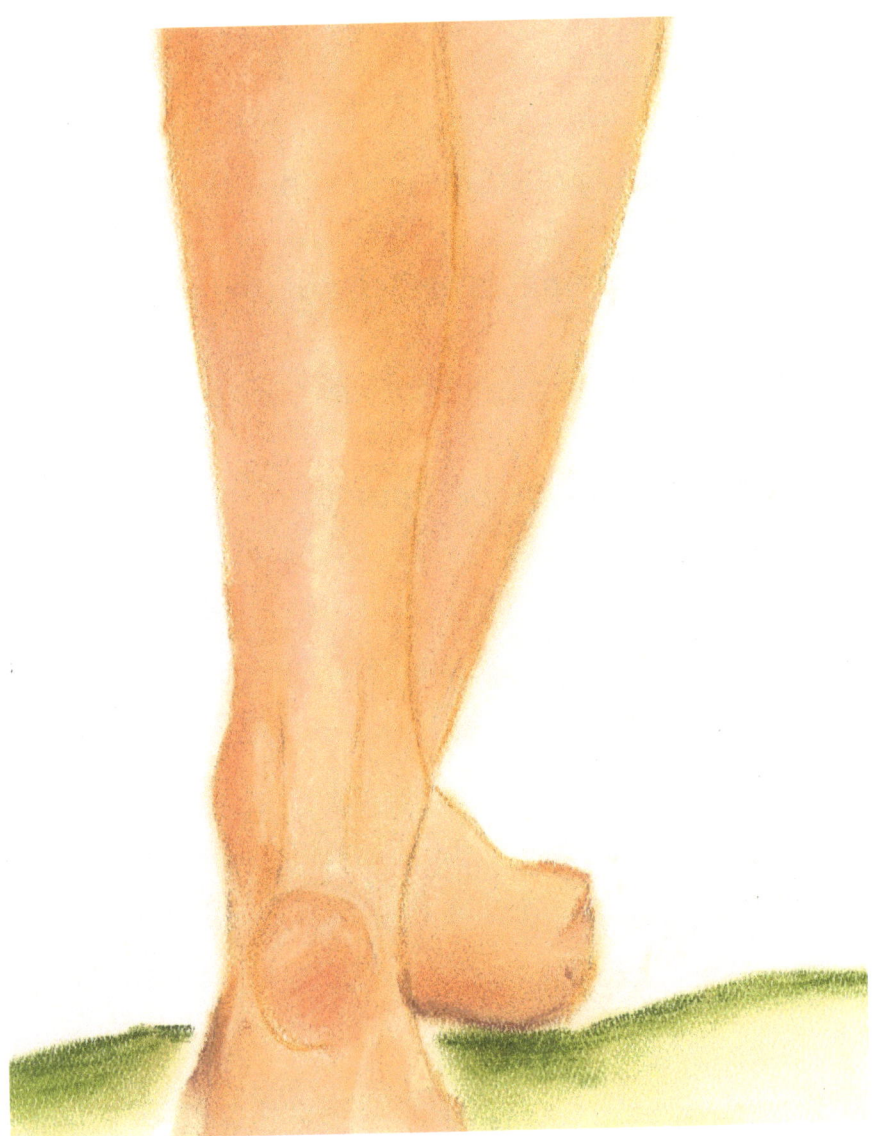

Même si on connait tout plein de choses, même si on a plein de trucs, quand on bouge, on se concentre sur l'**action**. Le reste, ben…ça fait son chemin tout seul, normalement (ou presque; on peut aussi aider un peu « le reste »).

Ça veut dire que lorsque tu décides d'avancer, **tu peux y arriver**. Il se peut que tu tombes en cours de route, mais **tu peux y arriver**. Et c'est ce qui te permettra de briller.

Pour toi.

Pour éclairer les autres aussi.

Pour apporter quelque chose d'unique à la Terre :
ta présence à toi.

Et c'est pour ça qu'il est important de briller!

Parce que, tu sais, au sol comme dans le ciel, les

étoiles peuvent être discrètes ou très

apparentes. Enfin, dans tous les cas, elles sont

essentielles : ce sont elles qui nous éclairent et

qui nous permettent d'**allumer nos rêves**. Mais

ça, c'est une autre histoire!

À propos de l'auteure

Isabelle est une artiste, une auteure, une sportive et aussi une maman à l'imagination débordante. Elle aime les défis autant qu'elle adore créer. Son grand plaisir : savourer la vie!

Isabelle Bernier

isabellebernierconnexion@gmail.com

Magog-Orford, Québec

Et si je brillais?

www.ingramcontent.com/pod-product-compliance
Lightning Source LLC
Chambersburg PA
CBHW042120060426
42449CB00030B/41